¡Conocimiento a tope!

Ingeniería en todas partes

Ideas de la naturaleza

T0011141

Robin Johnson

Traducción de Pablo de la Vega

CRABTREE
PUBLISHING COMPANY
WWW.CRABTREEBOOKS.COM

Objetivos específicos de aprendizaje:
Los lectores:
- Explicarán cómo son resueltos los problemas en el mundo natural.
- Describirán cómo la naturaleza inspira soluciones a problemas humanos.
- Harán conexiones entre ideas dentro de un mismo texto.

Palabras de uso frecuente (primer grado)	Vocabulario académico
esta/esto/estas/este/estos, hacen, pueden, que, son, tienen	adaptaciones, diseño, embalse, entorno, ingenieros, repeler

Estímulos antes, durante y después de la lectura:

Activa los conocimientos previos y haz predicciones:
Muestra una fotografía de una tortuga y pide a los niños que la describan y nombren sus partes. Señala el caparazón y pregúntales para qué sirve. Los niños deberán entender que el caparazón protege el blando cuerpo de la tortuga. Ahora pídeles que piensen en cosas que la gente haya creado para protegerse y que les recuerden al caparazón de la tortuga. Los niños podrían mencionar una armadura, un casco de fútbol americano o, incluso, un tanque.

Di a los niños que van a leer un libro llamado *Ideas de la naturaleza*. Pídeles que piensen qué significa el título y de lo que el libro va a tratar.

Durante la lectura:
Después de leer las páginas 16 y 17, pide a los niños que miren de nuevo las imágenes. Pregunta:

- ¿En qué se parecen las patas de un pato a unas aletas o unos remos?
- ¿En qué se diferencian? ¿Por qué piensan que los inventores hicieron esas diferencias?

Después de la lectura:
Pide a los niños que hagan un diagrama en T. De un lado deberán listar las cosas de la naturaleza que aparecen en las imágenes del libro. Del otro, deberán listar los inventos humanos que los ingenieros crearon basados en esos objetos naturales.

Author: Robin Johnson

Series development: Reagan Miller

Editors: Bonnie Dobkin, Janine Deschenes

Proofreader: Melissa Boyce

STEAM notes for educators: Bonnie Dobkin

Guided reading leveling: Publishing Solutions Group

Cover and interior design: Samara Parent

Translation to Spanish: Pablo de la Vega

Edition in Spanish: Base Tres

Photo research: Robin Johnson and Samara Parent

Photographs: iStock: kali9: p. 17 (b); Shutterstock: EQRoy: title page (l); All other photographs by Shutterstock

Print coordinator: Katherine Berti

Printed in the U.S.A. / 102020 / CG20200914

Library and Archives Canada Cataloguing in Publication

Title: Ideas de la naturaleza / Robin Johnson ; traducción de Pablo de la Vega.
Other titles: Ideas from nature. Spanish
Names: Johnson, Robin (Robin R.), author. | Vega, Pablo de la, translator.
Description: Series statement: ¡Conocimiento a tope! Ingeniería en todas partes | Translation of: Ideas from nature. | Includes index. | Text in Spanish.
Identifiers: Canadiana (print) 20200297872 | Canadiana (ebook) 20200297880 | ISBN 9780778783398 (hardcover) | ISBN 9780778783602 (softcover) | ISBN 9781427126351 (HTML)
Subjects: LCSH: Biomimicry—Juvenile literature. | LCSH: Engineering—Juvenile literature. | LCSH: Engineers—Juvenile literature. | LCSH: Technological innovations—Juvenile literature.
Classification: LCC TA164 .J6518 2021 | DDC j620—dc23

Library of Congress Cataloging-in-Publication Data

Names: Johnson, Robin (Robin R.), author. | Vega, Pablo de la, translator.
Title: Ideas de la naturaleza / traducción de Pablo de la Vega ; Cynthia O'Brien.
Other titles: Ideas from nature. Spanish
Description: New York, NY : Crabtree Publishing Company, [2021] | Series: ¡Conocimiento a tope! Ingeniería en todas partes | Translation of: Ideas from nature.
Identifiers: LCCN 2020033109 (print) | LCCN 2020033110 (ebook) | ISBN 9780778783398 (hardcover) | ISBN 9780778783602 (paperback) | ISBN 9781427126351 (ebook)
Subjects: LCSH: Biomimicry--Juvenile literature. | Bioengineering--Juvenile literature.
Classification: LCC TA164 .J6518 2021 (print) | LCC TA164 (ebook) | DDC 620--dc23

Índice

Crabtree Publishing Company

www.crabtreebooks.com   1-800-387-7650

Copyright © **2021 CRABTREE PUBLISHING COMPANY.** All rights reserved. No part of this publication may be reproduced, stored in a retrieval system or be transmitted in any form or by any means, electronic, mechanical, photocopying, recording, or otherwise, without the prior written permission of Crabtree Publishing Company. In Canada: We acknowledge the financial support of the Government of Canada through the Canada Book Fund for our publishing activities.

Published in Canada
Crabtree Publishing
616 Welland Ave.
St. Catharines, Ontario
L2M 5V6

Published in the United States
Crabtree Publishing
347 Fifth Ave
Suite 1402-145
New York, NY 10016

Published in the United Kingdom
Crabtree Publishing
Maritime House
Basin Road North, Hove
BN41 1WR

Published in Australia
Crabtree Publishing
Unit 3 – 5 Currumbin Court
Capalaba
QLD 4157

Los ingenieros resuelven problemas

Los ingenieros son personas que usan las matemáticas, la ciencia y el **pensamiento creativo** para solucionar problemas. **Diseñan** cosas para ayudar a la gente a cubrir sus necesidades.

Los ingenieros diseñan herramientas que permiten a la gente estudiar la naturaleza de cerca.

Los ingenieros crean ideas que nos hacen la vida más fácil. ¡Estos zapatos no tienen cordones!

Los ingenieros diseñan cosas que satisfacen nuestra necesidad de estar activos y divertirnos.

La naturaleza resuelve problemas

¡También la naturaleza resuelve problemas! Los animales pueden cambiar su entorno para cubrir sus necesidades. Construyen nidos, cavan hoyos y hacen otros cambios donde viven. Algunos animales y plantas desarrollan **adaptaciones** que les ayudan a resolver problemas.

Las aves diseñan nidos adecuados a su entorno.

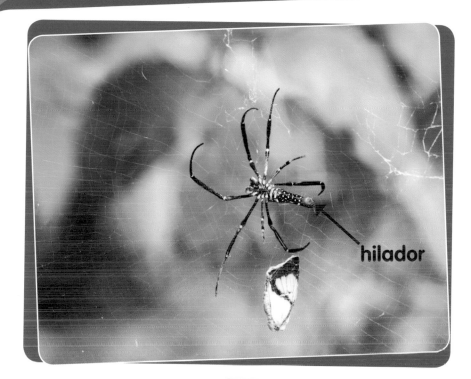

hilador

Las arañas hacen telarañas fuertes y pegajosas para atrapar insectos y comérselos. Hacen las telarañas con una parte de su cuerpo llamada hilador.

Los cactus crecen en lugares donde casi no llueve. Sus tallos gruesos son una adaptación que les ayuda a guardar agua.

Soluciones de la naturaleza

Los ingenieros pueden estudiar el mundo natural para encontrar soluciones a problemas humanos. Ven cómo animales y plantas viven, se mueven, obtienen comida y se mantienen seguros. Los ingenieros usan lo que aprenden para diseñar nuevas **tecnologías**.

Algunos ingenieros estudian las alas de las aves. Esto les ayuda a diseñar aviones con mejores alas.

Las mamás canguro cargan a sus bebés en una bolsa en la parte frontal de sus cuerpos. Los ingenieros han diseñado tecnologías que permiten a la gente cargar a sus bebés de la misma manera.

bolsa

Energía solar

Las plantas obtienen **energía** del Sol. Usan la luz del Sol, el agua y el aire para crear su propia comida. Los ingenieros diseñan tecnologías que permiten que la gente también use la energía del Sol.

Las hojas de los girasoles y de cualquier otra planta absorben energía del Sol.

panel

Los ingenieros diseñan **paneles** que absorben y guardan energía del Sol. Los paneles funcionan como las hojas de las plantas.

Estos estudiantes están usando un modelo para aprender cómo la gente usa la energía del Sol para calentar sus casas y tener electricidad.

Problemas pegajosos

Las plantas y los animales pueden dar a los ingenieros ideas para todo tipo de tecnologías. Algunas tecnologías solucionan el problema de cómo hacer que dos cosas se peguen.

¿Se te han pegado alguna vez erizos en la ropa? Estas espinosas partes de algunas plantas inspiraron a los ingenieros para crear un tipo de cierre.

Los cabellos minúsculos de los pies del geco le ayudan a escalar por prácticamente cualquier superficie.

Los ingenieros usaron lo que aprendieron de los gecos para mejorar los zapatos para escalar.

Permaneciendo secos

Algunas plantas tienen hojas que **repelen** el agua. El agua rueda hacia fuera de las hojas para que la planta permanezca seca. Los ingenieros estudian este tipo de plantas para diseñar nuevos **materiales**. Estos materiales repelen el agua y nos mantienen secos.

Los nenúfares viven en el agua. No necesitan recolectar agua con sus hojas, a diferencia de otras plantas. Sus hojas repelen el agua.

Los paraguas, botas de lluvia e impermeables cubren la
necesidad de las personas de permanecer secas cuando llueve. **15**

Palmeado para el agua

Algunos animales tienen patas palmeadas para poder nadar. Usan sus patas como remos y se mueven en el agua. Los ingenieros también diseñan tecnologías que ayudan a las personas a moverse en el agua.

Los patos y otros pájaros acuáticos tienen patas palmeadas. Hay piel entre sus dedos, lo que los ayuda a moverse en el agua.

patas palmeadas

Los ingenieros diseñan aletas para ayudar a la gente a nadar. Las aletas son zapatos planos de caucho que parecen patas palmeadas.

Estas niñas están aprendiendo a usar los remos para moverse en el agua.

Castores ocupados

¡Los castores son animales ingenieros muy ocupados! Construyen presas en arroyos para bloquear el flujo del agua y crear estanques donde construyen sus casas. Los ingenieros también construyen presas. Usan las presas para controlar el flujo de agua en pueblos y ciudades.

presa de un castor

Los castores usan ramas de árboles, lodo y piedras para construir presas. ¡Vaya que modifican el entorno para cubrir sus necesidades!

embalse

presa

Los ingenieros usan las presas para crear lagos llamados embalses. Un embalse guarda agua para la gente. Las presas también evitan que los ríos se desborden.

19

Mucha velocidad

Las chitas son los animales terrestres más rápidos del mundo. Un ingeniero estudió a las chitas para entender cómo corren y saltan. Luego, diseñó piernas **artificiales** para la gente. ¡Debemos agradecer a la naturaleza por muchos inventos como este!

¡Una chita está hecha para ser veloz! Tiene un cuerpo ligero y piernas largas y poderosas.

Este tipo de pierna artificial le permite a la gente correr rápido.

Palabras nuevas

adaptaciones: sustantivo. Cambios en una planta o animal que le ayudan a sobrevivir en su entorno.

artificiales: adjetivo. Hechos por humanos.

diseñan: verbo. Hacen un plan para hacer o construir algo.

energía: sustantivo. El poder para hacer algún trabajo.

materiales: sustantivo. Cosas de las que algo está hecho.

paneles: sustantivo. Piezas delgadas y planas.

pensamiento creativo: sustantivo. Uso de la mente para crear ideas nuevas y originales.

repelen: verbo. Alejan.

tecnologías: sustantivo. Cosas que la gente crea para hacer la vida más fácil, segura y divertida.

Un sustantivo es una persona, lugar o cosa.

Un verbo es una palabra que describe una acción que hace alguien o algo.

Un adjetivo es una palabra que te dice cómo es alguien o algo.

Índice analítico

Sobre la autora

Robin Johnson es una autora y editora independiente que ha escrito más de 80 libros para niños. Cuando no está trabajando, construye castillos en el aire junto a su marido, quien es ingeniero, y sus dos creaciones favoritas: sus hijos Jeremy y Drew.

Para explorar y aprender más, ingresa el código de abajo en el sitio de Crabtree Plus.

www.crabtreeplus.com/fullsteamahead

Tu código es: **fsa20**

(página en inglés)

Notas de STEAM para educadores

¡Conocimiento a tope! es una serie de alfabetización que ayuda a los lectores a desarrollar su vocabulario, fluidez y comprensión al tiempo que aprenden ideas importantes sobre las materias de STEAM. *Ideas de la naturaleza* ayuda a los lectores a entender cómo hacer conexiones entre las ideas que leen en un texto. La actividad STEAM de abajo ayuda a los lectores a expandir las ideas del libro para el desarrollo de habilidades científicas, tecnológicas y artísticas.

Inventos de la naturaleza

Los niños lograrán:
- Analizar e imaginar.
- Hacer una lluvia de ideas sobre inventos basándose en imágenes.
- Diseñar un invento.

Materiales
- Folleto «Expertos en animales».
- Hoja de trabajo «¡Invéntalo!».
- Materiales de arte para dibujar.

Guía de estímulos
Después de leer *Ideas de la naturaleza*, pregunta a los niños:
- ¿Qué es un ingeniero?
- ¿Cómo obtienen los ingenieros ideas de la naturaleza?
- ¿Cuáles son algunos ejemplos de ideas que vienen de la naturaleza?

Actividades de estímulo
Repasa la definición de «ingeniero» con los niños. (Los ingenieros son personas que usan las matemáticas, la ciencia y el pensamiento creativo para resolver problemas y cubrir necesidades). Di a los niños que tendrán la oportunidad de pensar como un ingeniero. Recuérdales la actividad que hicieron antes de leer el libro, cuando adivinaron qué inventos se inspiraron en el caparazón de las tortugas. Diles que el objetivo es crear una idea o invento basándose en la naturaleza.

Divídelos en grupos de tres o cuatro. Da a cada grupo un folleto «Expertos en animales» y una hoja de trabajo «¡Invéntalo!». Diles que si estudian a estos expertos en animales con cuidado, podrán obtener ideas para nuevos inventos, tal como otros ingenieros obtuvieron ideas a partir del caparazón de la tortuga.

Pide a los niños que escojan un animal del folleto. Motívalos a repasar con su grupo los pasos que están en la hoja de trabajo. Una vez que hayan elaborado su idea, da a cada niño un poco de tiempo para que la anote en un pedazo de papel. Anima a los miembros de cada grupo a comparar sus dibujos. ¿En qué se parecen los dibujos? ¿En qué son diferentes?

Extensiones
Pide a cada grupo que practique sus habilidades de presentación al explicar su invento al resto de la clase. Asegúrate de que cubran los siguientes puntos, que pueden ser anotados en la pizarra: ¿Cuál es el invento? ¿Qué hace el invento? ¿Cómo está inspirado en un animal?

Para ver y descargar la hoja de trabajo, visita **www.crabtreebooks.com/resources/printables** o **www.crabtreeplus.com/fullsteamahead** (páginas en inglés) e ingresa el código **fsa20**.